ALGÉRIE

PROVINCE DE CONSTANTINE

LES BEN-GANA

DEPUIS LA CONQUÊTE FRANÇAISE

> Si, comme la vérité, le mensonge n'avoit
> qu'un visage, nous serions en meilleurs
> termes; car nous prendrions pour certain
> l'opposé de ce que diroit le menteur : mais
> le revers de la vérité a cent mille figures et
> un champ indéfiny.
>
> (MONTAIGNE, *Essais.*)

PARIS

E. DENTU, LIBRAIRE-ÉDITEUR

GALERIE D'ORLÉANS, 15-17-19, PALAIS-ROYAL

1879

ALGÉRIE

PROVINCE DE CONSTANTINE

LES BEN-GANA

DEPUIS LA CONQUÊTE FRANÇAISE

> Si, comme la vérité, le mensonge n'avoit qu'un visage, nous serions en meilleurs termes; car nous prendrions pour certain l'opposé de ce que diroit le menteur : mais le revers de la vérité a cent mille figures et un champ indéfiny.
>
> (MONTAIGNE, *Essais.*)

PARIS

E. DENTU, LIBRAIRE-ÉDITEUR

GALERIE D'ORLÉANS, 15-17-19, PALAIS-ROYAL

1879

Tous droits réservés

ALGÉRIE

PROVINCE DE CONSTANTINE

LES BEN - GANA

DEPUIS LA CONQUÊTE FRANÇAISE

Louange à Dieu unique !

Cette publication est destinée à ceux qui sont doués d'expérience et qui peuvent apprécier les faits.

D'illustres savants ont dit qu'il fallait ranger parmi les trésors du Paradis le don de savoir cacher aux autres les malheurs dont nous sommes atteints, c'est-à-dire de savoir nous dispenser d'en parler; à moins qu'il n'y aille de notre intérêt, comme, par exemple, lorsque nous renseignons un médecin sur l'état de notre maladie ou lorsque nous faisons connaître notre situation à quelqu'un dont les conseils nous sont nécessaires. En dehors de ces cas-là, celui qui divulgue ses malheurs et qui en fait l'objet de ses conversations se montre insoumis aux décrets du Destin, et il perd ses droits à la récompense divine; il faut donc ranger parmi les trésors du Paradis le don de garder le secret sur les malheurs et les maladies qui atteignent l'homme, aussi bien que sur les aumônes qu'il peut faire.

C'est en vertu de ce principe que, depuis fort longtemps, nous gardons le silence sur les attaques incessantes dont nous sommes victimes. Il est vrai que les hommes de bien seront toujours l'objet des calomnies des méchants, et que le riche sera toujours envié. Ce n'est donc que pour Dieu que l'on doit agir, ainsi que l'a fort bien fait comprendre la perle des poètes en faisant le portrait d'Aroua, au sujet de l'accomplissement des engagements pris :

« O Aroua ! tu as compris que l'on était tenu de remplir
» l'engagement que l'on avait pris, et j'en suis satisfait; car,
» en remplissant ses engagements, on fait une bonne ac-
» tion. »

L'Iman Ech-Chafaï a dit :

« S'ils sont dévorés par l'envie par rapport à moi, je ne
» les en blâme pas, car une foule d'honnêtes gens avant moi
» ont été l'objet de l'envie. »

Nous devons avant tout remercier Dieu de ce qu'au milieu des égarements, les hommes représentant le gouvernement ont toujours su faire la différence entre l'homme supérieur et l'homme vil, aussi facilement qu'entre l'homme maigre et l'homme gras. Cet heureux résultat a, du reste, été constaté, même par les personnes les moins expérimentées.

Ceci dit, nous allons essayer de retracer les faits et gestes de notre famille depuis l'époque de la conquête jusqu'à nos jours, afin de faire connaître aux membres intelligents du gouvernement français quelle a été notre ligne de conduite.

Le gouvernement français, qui a le droit d'être fier, s'était emparé du territoire de la province de Constantine dans le courant de l'année 1837 de l'ère chrétienne. Un an après, notre famille, ayant à sa tête son chef Si-Bou-Aziz-ben-Gana, venait offrir ses services aux Français. Parmi ceux qui accompagnaient Si-Bou-Aziz, je citerai son frère, M'hammed-ben-Bou-Aziz-ben-Gana ; ses enfants Ali-ben-El-Guidoum, Ahmed-ben-El-Messaï et El-Hadj-ben-Gana, et ses neveux El-Hadj-ben-Ahmed-ben-Gana, Larbi-ben-El-Hadj-ben-Gana, Si-Ahmed-ben-El-Hadj et Si-Mohammed-Es-Seghir; le neveu de celui-ci, Ahmed-ben-Bouzid, et ses autres neveux, qui sont Si-Bou-Lakhras-ben-Mohammed-ben-El-Hadj et Si-Brahim Enfin, parmi les membres de la famille

Ben-Gana, il n'y eut absolument que ceux à qui il fut impossible de faire ce voyage qui s'en dispensèrent.

Le but de cette démarche était de reconnaître et acclamer le gouvernement français, dont ils avaient pu déjà apprécier la conduite sage et équitable.

C'est à M. le général Galbois, alors représentant du pouvoir, qu'ils s'adressèrent, et c'est en sa personne qu'ils saluèrent le gouvernement de la France.

Le général reçut les serments de la famille Ben-Gana, qui s'engageait de la manière la plus solennelle à ne jamais trahir la France, ni ouvertement, ni en secret.

Le général avait ajouté foi à notre serment, que nous avions prononcé sur le Coran ; cependant, à notre reconnaissance solennelle du gouvernement, nous crûmes devoir ajouter que nous nous engagions également à le servir avec zèle.

Nous avions préalablement déclaré au général Galbois qu'il ne tarderait pas à constater les services que nous pouvions rendre aux Français dans la région saharienne, qui était non-seulement notre domicile et notre lieu de naissance, mais aussi le lieu de naissance de nos ancêtres, en remontant à la domination turque et même à la domination arabe.

Voici quelle fut la réponse de M. le général Galbois :

« Le gouvernement français est édifié sur de solides bases, » et les lois qui le régissent sont claires et précises.

» Si vous servez ce gouvernement avec loyauté et fidélité, » et que vous attendiez patiemment, vous obtiendrez de lui, » non-seulement ce que vous aurez espéré ouvertement, » mais même ce que vous aurez célé au fond de vos cœurs ! »

Nous répliquâmes que nous étions prêts à remplir avec zèle toutes les missions que l'on voudrait bien nous confier, et nous nous mîmes en mesure de tenir nos engagements.

Notre première mission fut de concourir au rétablissement de la sécurité sur la route de Sétif.

Le général Galbois, qui commandait la colonne expéditionnaire, se dirigeait vers le théâtre des troubles lorsque nous le rejoignîmes et vînmes nous rallier aux troupes françaises.

La famille Ben-Gana, commandée par son chef, Si-Bou-Aziz, faisait donc partie de la colonne du général Galbois.

C'est alors qu'un combat eut lieu entre nous et une troupe dirigée par le frère de Si-Abd-el-Kader, au lieu dit Ras-el-Oued.

Dans ce combat, nous eûmes quatre de nos cavaliers tués et trois blessés; mais nous parvînmes à mettre complétement en déroute la troupe du frère d'Abd-el-Kader.

Parmi ceux qui faisaient alors partie de la troupe de l'É-mir se trouvaient Si-Ferhats-ben-Saïd et Ahmed-Bey-ben-Chennouf.

C'est là notre début au service du gouvernement français.

Quelque temps après, le général Galbois se dirigeait, avec une nouvelle colonne, vers le pays des Haraktas. Un membre de notre famille faisait partie de cette expédition; c'était Si-Mohammed-Es-Seghir, qui avait amené avec lui les hommes de la tribu qu'il commandait et ses goums personnels.

Si-Mohammed-Es-Seghir et les siens concoururent alors à la soumission complète des Haraktas.

Les troupes françaises étaient revenues de cette expédition, et, en même temps qu'elles, les Ben-Gana étaient rentrés dans leurs foyers, lorsque le Cheïkh-el-Arab partit pour la région saharienne avec un certain nombre d'indigènes des tribus arabes et des saharis.

A cette époque, Si-Lahsen-ben-Azzouz était le lieutenant de l'émir Abd-el-Kader, et, en cette qualité, il parcourait le Sahara avec des troupes d'élite qui étaient fières d'être commandées par un homme tel que lui.

Déjà plusieurs tribus de cette région avaient fait leur soumission à Si-Lahsen, lorsque notre famille et tous ses adhérents vinrent établir leur campement à peu de distance d'El-Outaïa, dans un endroit que l'on nomme Salsou.

C'est là que les deux troupes ennemies se rencontrèrent et qu'elles se livrèrent un combat acharné qui eut pour résultat la déroute complète de Si-Lahsen-ben-Azzouz et de ses soldats. Nous en tuâmes un grand nombre et nous leur prîmes leurs fusils et leurs canons.

Nous allâmes porter tout le butin que nous avions pris à M. le général Galbois, et nous devons dire que le gouvernement nous récompensa par les honneurs et la vénération dont nous fûmes l'objet, et par la plus belle des distinctions. De plus, c'est à partir de cette époque que Si-Bou-Aziz-ben-Gana fut surnommé le Serpent du désert.

Ce fait d'armes, accompli au service de la France, est encore un de ceux dont notre famille a le droit de s'enorgueillir.

A la suite de tous ces faits, le général Négrier, ce lion indomptable, revint, pour la deuxième fois, à la tête des affaires, et nous fîmes avec lui une razia aux Oulad-Bou-Aoun, auxquels s'était jointe la tribu des Zemoul. Nous eûmes, dans cette expédition, un certain nombre de nos hommes tués ou blessés.

Au retour, nous apprîmes la nomination de Ferhats-ben-Saïd et d'Ahmed-ben-El-Hadj ; le premier était désigné par l'émir Abd-el-Kader, pour remplacer Lahsen-ben-Azouz, et le second comme khalifa de Sidi-Okba.

Nous réunîmes immédiatement nos troupes et nous nous dirigeâmes vers le Sahara. On était alors dans la saison d'été.

Nous ne tardâmes pas à rencontrer Ferhats-ben-Saïd et les siens, à qui nous livrâmes combat et à qui nous fîmes un grand nombre de prisonniers. Quant à Ferhats-ben-Saïd, il nous échappa par la fuite, ainsi que cela était dans ses habitudes.

Toutes les tribus du Sahara firent immédiatement leur soumission à Si-Bou-Aziz-ben-Gana, et se déclarèrent prêtes à obéir aux autorités françaises.

Après ce fait d'armes, nous revînmes camper dans le Tell.

Lorsqu'arriva l'époque où nous devions retourner dans le Sahara, nous nous dirigeâmes vers cette région avec les tribus placées sous notre commandement et tous les gens de notre suite.

Arrivés dans le Sahara, nous trouvâmes Ahmed-ben-El-Hadj campé avec ses troupes à Sidi-Okba.

Nous fîmes halte, avec les hommes des tribus qui nous accompagnaient et nos serviteurs, en face du camp ennemi, et, à dater de ce jour, les hostilités commencèrent entre eux et nous et se continuèrent sans interruption pendant trois mois.

Quelque temps après, le général Baraguay-d'Hilliers fut appelé au commandement de la province de Constantine, et cet officier renommé alla faire une expédition dans l'Est, chez les Haraktas, les Hananchas et au Dir.

Ce fut Si-Bou-Lakhras-ben-Gana qui accompagna le général dans cette expédition avec son goum, et il assista à tous les événements de cette campagne et à tous les combats qui furent livrés contre lesdites tribus.

Après ces différents faits d'armes, nous étions rentrés dans le Sahara comme d'habitude, lorsque nous apprîmes la nomination de S. A. R. Mgr le duc d'Aumale, fils du roi Louis-Philippe, au commandement de la province de Constantine, et Si-Bou-Aziz-ben-Gana alla immédiatement à sa rencontre.

Lorsque Si-Bou-Aziz-ben-Gana eut l'honneur d'être reçu par Mgr le duc d'Aumale et de causer avec lui, le prince lui communiqua son intention de faire une expédition dans le Sahara et dans les montagnes des Oulad-Soltan.

Si-Bou-Aziz-ben-Gana lui répondit qu'il était prêt à marcher et à servir ses projets, ajoutant que Son Altesse n'aurait qu'à le faire prévenir lorsqu'Elle se rendrait à El-Kantara, et qu'il s'engageait à l'y rejoindre avec les contingents des tribus soumises du Sahara et leurs chefs, qui étaient parfaitement disposés à se battre.

Tout arriva comme l'avait promis Si-Bou-Aziz-ben-Gana.

Le duc d'Aumale partit de Constantine avec sa colonne expéditionnaire, et, arrivé à El-Kantara, il fut rejoint par les gens du Sahara, qui le reçurent avec les honneurs et le respect qui lui étaient dus.

L'hospitalité la plus généreuse fut offerte par les Sahariens aux troupes françaises, et ils se mirent à leur disposition pour toutes les corvées et autres choses nécessaires dans une campagne; enfin, ils firent tout ce que font les tribus amies et dévouées.

Arrivée à Biskra, Son Altesse fixa le chiffre des contributions et tributs que cette région devait payer à l'État.

Le prince fit alors l'honneur à Si-Bou-Aziz-ben-Gana de le nommer khalifa de la région saharienne, et cette nomination fut confirmée par le maréchal Vallée comme récompense de ses bons et loyaux services.

Le territoire de commandement de Si-Bou-Aziz-ben-Gana fut délimité : il s'étendait d'El-Kantara à Touggourt et comprenait, de l'est à l'ouest, tout le pays qui s'étend d'El-Khanga aux Oulad-Djellal.

Mgr le duc d'Aumale nomma en même temps Si-Mohammed-Es-Sghir, neveu de Si-Bou-Aziz, caïd de Biskra et des Zibans. Il nomma aussi les cheikhs et jeta enfin dans le pays les bases d'une administration régulière.

Quant à Ahmed-ben-El-Hadj et à tous ceux qui avaient suivi sa fortune, voyant qu'il leur était impossible d'habiter dans le voisinage des troupes françaises, ils émigrèrent avec les soldats que l'émir Abd-el-Kader avait placés sous les ordres dudit Ahmed-ben-El-Hadj et allèrent camper dans les montagnes de l'Ahmar-Khaddou.

Or, lorsque le fils du roi Louis-Philippe était passé à Batna pour se rendre à Biskra, il avait laissé un détachement de ses troupes pour tenir garnison dans la première de ces deux villes, et, pendant qu'il était à Biskra, les gens des Aurès se joignirent aux Oulad-Soltan et vinrent attaquer ce détachement.

Déjà plusieurs rencontres avaient eu lieu entre les assaillants et la garnison de Batna ; Mgr le duc d'Aumale, à cette nouvelle, laissa un corps de troupes musulmanes, composé d'indigènes de Biskra, aux ordres de Si-Bou-Aziz, et il se dirigea en toute hâte vers Batna.

La garnison de cette ville n'avait pas attendu le retour du prince pour battre les insurgés, et, à son arrivée, il constata que ceux-ci étaient en pleine déroute.

Quelque temps après, le duc d'Aumale réunit une forte armée pour aller combattre El-Hadj-Ahmed-Bey, qui continuait la lutte à la tête des Oulad-Soltan et des Oulad-Bou-Aoun.

Le prince ordonna à Si-Bou-Aziz-ben-Gana de venir rejoindre sa colonne avec les Arabes du Sahara, en lui recommandant d'aller établir son camp sur le territoire même de la tribu des Oulad-Soltan.

Les hostilités commencèrent entre l'armée française et les insurgés et elles se continuèrent jusqu'au moment où El-Hadj-Ahmed-Bey et ses partisans furent mis complétement en déroute. El-Hadj-Ahmed-Bey prit la fuite et gagna les montagnes de Menaa.

Quant aux Oulad-Soltan, ils ne tardèrent pas à faire leur soumission au gouvernement français.

Tout était donc terminé de ce côté.

Sur ces entrefaites, Ahmed-ben-El-Hadj, que nous avons laissé dans l'Ahmar-Khaddou, où il s'était réfugié après sa défaite, s'avança avec ses troupes du côté de Sidi-Okba, en dissimulant soigneusement sa marche.

Arrivé à peu de distance de cette ville, il envoya des espions qui le renseignèrent sur la situation du petit corps de troupes qu'avait laissé le duc d'Aumale à Si-Bou-Aziz.

Ce malheureux détachement fut trahi et un certain nombre de nos soldats furent tués.

Cette nouvelle parvint au fils du roi alors qu'il était encore dans la tribu des Oulad-Soltan avec Si-Bou-Aziz-ben-Gana.

En apprenant ce qui était arrivé, le duc d'Aumale se transporta en toute hâte à Biskra avec Si-Bou-Aziz-ben-Gana.

Aussitôt arrivé, le Prince punit sévèrement les traîtres et récompensa ceux qui s'étaient bien conduits.

Avant son départ, il renforça la garnison et la plaça dans de bonnes conditions, et, après avoir laissé à Biskra le commandant Saint-Germain, il revint à Constantine.

Au duc d'Aumale succéda le général Bedeau, qui entreprit une nouvelle campagne dans les Aurès, pour y aller chercher El-Hadj-Ahmed-Bey, qui s'était réfugié à Menaa, et

Ben-Ahmed-ben-El-Hadj, qui était dans l'Ahmar-Khaddou.

Or, pendant que les troupes du général attaquaient l'ennemi du côté du nord et opéraient des razias chez ses partisans, le commandant Saint-Germain partait de Biskra à la tête d'un détachement dont faisaient partie Si-Bou-Lakhras-ben-Mohammed-ben-Gana et ses goums, pour empêcher Si-El-Hadj-Ahmed-Bey et Ben-Ahmed-ben-El-Hadj de rentrer dans la région saharienne.

Le résultat de ce mouvement fut qu'El-Hadj-Ahmed-Bey s'enfuit à l'approche des troupes françaises et alla se réfugier chez les Oulad-Abd-er-Rahman, pendant que Ahmed-ben-El-Hadj quittait précipitamment l'Ahmar-Khaddou et s'enfuyait vers le Djerid (Tunisie).

Aussitôt, les tribus des monts Aurès et les gens des Ahmar-Khaddou firent leur soumission à la France.

Quelque temps après apparut, dans la tribu des Nemamcha, un individu qui se disait schérif et se nommait Bou-Maza, et un grand nombre d'indigènes se rallièrent à lui.

Cet homme, suivi de ses partisans, envahit immédiatement le Zab-Chergui.

Aussitôt que la nouvelle de cet envahissement parvint à Biskra, le commandant Saint-Germain partit, à la tête des troupes dont il disposait, pour aller à la rencontre des insurgés. Il était accompagné de Si-Bou-Aziz-ben-Gana et de ses parents Si-Ahmed-ben-El-Hadj-ben-Gana, Si-Bou-Lakhras et Si-El-Hadj-ben-M'hammed.

Un combat eut lieu entre les troupes du commandant Saint-Germain et celles du schérif; on se battit avec acharnement de part et d'autre, et le résultat fut la déroute complète des insurgés, sur qui on fit un butin considérable en moutons, bœufs et autres biens.

Quant au schérif, il réussit à s'échapper et s'enfuit vers le Djerid.

Après ce combat, le commandant Saint-Germain se replia avec ses troupes sur Aliana, une des localités du Zab-Chergui, et s'y arrêta.

C'est là qu'il apprit que le schérif, qu'il venait de battre, avait repris l'offensive et se dirigeait vers les Oulad-Djellal, à la tête des Oulad-Naïl et d'un certain nombre d'habitants des autres tribus insoumises et toujours prêtes à s'insurger.

Ce fut Si-Mohammed-Es-Seghir-ben-Gana, avec ses cavaliers et ses fantassins, qui fut envoyé en avant contre ces insurgés.

Il dépassa la limite du territoire des Oulad-Djellal et rencontra la troupe ennemie un peu avant la bourgade de Sidi-Khaled-ben-Senan.

Là, un combat terrible s'engagea entre les deux troupes, et un grand nombre d'hommes périrent de chaque côté.

A la suite de ce combat, le schérif se replia sur Sidi-Khaled, et le caïd de Biskra, Si-Mohammed-Es-Seghir, rentra dans le Zab-Dahari et s'arrêta au lieu dit El-Amri, tandis que le commandant rentrait à Biskra.

Peu de temps après, M. le général Herbillon, qui commandait à Batna, se mit à la tête d'une armée nombreuse pour aller combattre le schérif Bou-Maza, qui se trouvait alors aux Oulad-Djellal.

Toute la famille des Ben-Gana et leurs goums faisaient partie de cette expédition.

On se dirigea du côté du pays des Oulad-Djellal, chez qui on pensait rencontrer Bou-Maza; mais celui-ci, ayant appris que l'armée française qui s'approchait était considérable, avait déjà pris la fuite.

Cependant tout n'était pas fini; car les Oulad-Djellal, ayant fait cause commune avec le schérif, il fallait obtenir leur soumission.

En conséquence, le général Herbillon campa, avec son armée, sur le territoire de cette tribu, et il fit sommation aux Oulad-Djellal d'avoir à rentrer dans l'ordre.

Les Oulad-Djellal ayant refusé formellement de se soumettre, les hostilités commencèrent contre eux.

On se battit avec acharnement de part et d'autre, et il y eut un grand nombre de morts, aussi bien dans l'armée française que parmi les insurgés.

C'est surtout à Si-Bou-Aziz-ben-Gana que revint la gloire d'avoir réussi à soumettre les Oulad-Djellal, qu'il força à reconnaître la domination française.

Les Oulad-Djellal s'engagèrent, en outre, à payer la contribution de guerre dont ils seraient frappés.

A la suite de cette expédition, M. le général Herbillon gratifia Si-El-Hadj-ben-M'hammed-ben-Gana de la place de caïd des Oulad-Djellal et des Oulad-Naïl.

Après quoi M. le général Herbillon, accompagné de tous les membres de la famille des Ben-Gana, poursuivit les Oulad-Naïl jusque chez eux, et les somma une première, puis une deuxième fois de faire leur soumission.

Les Oulad-Naïl ayant fini par se soumettre et par reconnaître l'autorité française, une contribution de guerre leur fut imposée et le général Herbillon revint à Batna.

Le général Herbillon fut alors appelé au commandement de la province de Constantine, et ce fut le colonel Canrobert, aujourd'hui maréchal de France, qui lui succéda à Batna.

Le colonel pensa qu'il ne pouvait laisser El-Hadj-Ahmed-Bey aux Oulad-Abd-er-Rahman, où celui-ci s'était réfugié ; il organisa donc une colonne pour aller l'attaquer à El-Kebache, lieu de sa résidence, et il partit de Batna avec son armée, tandis que le commandant Saint-Germain partait de Biskra, à la tête de ses troupes, pour opérer sa jonction avec lui.

Parmi les troupes commandées par M. Saint-Germain se trouvaient Si-Bou-Aziz-ben-Gana et ses proches parents, un grand nombre de cavaliers arabes placés sous leurs ordres et les notables des tribus arabes.

Le commandant Saint-Germain écrivit alors à Si-El-Hadj-Ahmed-Bey pour l'inviter à se soumettre au gouvernement français. Il finit par y consentir et se rendit auprès de M. Saint-Germain, qui le ramena à Biskra.

A la suite de ces événements, M. le colonel Canrobert fut appelé au commandement d'Aumale, et ce fut le colonel Carbuccia que l'on nomma à sa place à Batna.

A cette époque, il y avait dans la petite ville de Zaatcha

un homme nommé Bouzian qui se faisait passer pour schérif, et qui avait réussi à réunir autour de lui un certain nombre de partisans.

Comptant sur l'appui des gens de Zaatcha, cet individu se crut assez fort pour se dispenser de venir rendre ses devoirs aux autorités.

Le siége de Zaatcha fut alors commencé par Si-Bou-Aziz-ben-Gana et ses frères à la tête des troupes dont ils disposaient, et, quelque temps après, le colonel Carbuccia vint les rejoindre avec un faible détachement et le siége continua.

Tous les gens de Zaatcha et le schérif Bouzian, ainsi que tous les étrangers qui avaient suivi la fortune de celui-ci, rentrèrent alors dans l'intérieur de la ville et s'y retranchèrent.

De nombreux combats eurent lieu sous les murs de Zaatcha, le colonel Carbuccia attaquant sans relâche les assiégés à la tête de son détachement; mais cet officier ne put obtenir aucun résultat, et, après des efforts inutiles, la colonne fut obligée de rentrer à Biskra.

Or, ce siége avait duré un certain temps, et, dans cet intervalle, Si-Abd-el-Hafidh, qui était campé à El-Khanga, avait conçu le projet de faire une diversion au profit de Bouzian.

En conséquence, il avait levé une véritable armée chez les Ahmar-Khaddou et dans le Zab-Chergui, et il marchait sur Biskra.

Bou-Lakhras-ben-Gana et ses Sahariens se trouvaient justement à cette époque dans le Tell.

Si-Bou-Aziz-ben-Gana, qui était encore devant Zaatcha, envoya immédiatement à Si-Bou-Lakhras l'ordre de prendre avec lui quatre cents cavaliers arabes et de se transporter avec eux à Biskra le plus vite possible.

Si-Bou-Lakhras exécuta ponctuellement les ordres qu'il avait reçus, et lui et ses quatre cents cavaliers franchirent la distance qui les séparait de Biskra en un jour et une nuit.

Arrivés à Biskra, ils se joignirent au commandant Saint-Germain et se portèrent à la rencontre de Si-Abd-el-Hafidh.

Les deux armées se rencontrèrent à Seriana, et les troupes françaises se jetèrent avec impétuosité sur les insurgés.

La fortune tourna contre Si-Abd-el-Hafidh, qui fut battu ; mais nous eûmes à déplorer la mort du commandant Saint-Germain, qui fut tué pendant.le combat.

Revenons maintenant à l'affaire de Zaatcha.

Lorsque le colonel Carbuccia abandonna le siége pour rentrer avec sa colonne à Biskra, il laissa Si-Bou-Aziz-ben-Gana et ses parents auprès de Zaatcha, avec leurs goums, pour surveiller Bouzian et ses partisans, et cette situation se continua jusqu'à l'arrivée du général Herbillon.

Ce général, à la tète d'une colonne considérable, mit la plus grande diligence à se transporter à Zaatcha, et, une fois là, il activa les travaux du siége..

Nous n'entreprendrons pas de raconter les péripéties de ce siége mémorable et les prodiges de valeur qui s'accomplirent de part et d'autre. Toujours est-il que ceux qui y ont assisté peuvent affirmer sans la moindre hésitation que jamais on n'avait vu dans des villes beaucoup plus grandes de défense plus acharnée.

Enfin la victoire resta aux troupes françaises ; Bouzian fut tué, tous les habitants de Zaatcha furent passés au fil de l'épée et leur ville fut détruite de fond en comble.

Le jour de la prise de Zaatcha, un des soldats de Si-Mohammed-Es-Seghir avait fait prisonnier le fils de Bouzian et l'avait amené au général, qui voulait tout d'abord lui accorder la vie.

« Un chacal ne peut enfanter que des chacals ! » objecta Si-Mohammed-Es-Seghir ; la mort de ce jeune homme fut donc décidée et le soldat le tua immédiatement.

A la suite de ces hauts faits, qui rendaient plus manifeste encore la fidélité des Ben-Gana au gouvernement français, le général Herbillon crut devoir répartir les places de caïds dans la région saharienne entre les membres de cette famille. Il nomma Si-Ali-ben-El-Guidoum, fils de Si-Bou-Aziz-ben-Gana, caïd des Arabes-Cheraga ; Si-Bou-Lakhras-ben-Mohammed, caïd des Saharis, et Si-Ahmed-ben-El-Hadj-ben-Gana, caïd des Arabes-Gheraba. Ceux qui avaient aidé ou assisté le schérif Bouzian furent sévèrement punis, et chacun des contingents qui avaient formé l'armée du général rentra dans sa résidence respective.

Quelque temps après, un nouveau schérif apparaissait à Laghouat:

Ce schérif, qui se nommait Mohammed-ben-Abdallah, avait réussi à soulever les Oulad-Naïl et les populations d'El-Arbaa.

Cette insurrection prenant des proportions considérables, le général Pélissier partit, à la tête d'une colonne, pour aller la combattre, pendant que Si-Mohammed-Es-Seghir allait se poster, avec ses troupes, à Dhaïet-Es-Stol, sur la limite du Sahara de ce côté, pour empêcher le schérif de rentrer dans la région saharienne dépendant de Biskra.

Le schérif Mohammed-ben-Abdallah fut battu et s'enfuit du côté de Laghouat.

Or, quelque temps avant les événements de Laghouat, une querelle avait eu lieu entre Abd-er-Rahman-ben-Djellab, qui avait été nommé cheikh de Touggourt sur la recommandation de Si-Bou-Aziz-ben-Gana et son frère Seliman-ben-Djellab. Abd-er-Rahman-ben-Djellab, plus connu sous le nom de Bou-Lifa, avait été frappé et même blessé grièvement par son frère, et celui-ci avait ensuite pris la fuite et était allé offrir ses services au schérif Mohammed-ben-Abdallah.

A peine la colonne française était-elle repartie pour rentrer dans le lieu de sa résidence, que Seliman-ben-Djellab soulevait les gens d'El-Arbaa et marchait avec eux sur Temacin. De Temacin, Seliman-ben-Djellab vint attaquer Touggourt, et de terribles combats eurent lieu entre les insurgés et les gens de Touggourt, dirigés par leur cheikh.

La nouvelle de ces désordres étant parvenue à Si-Bou-Aziz-ben-Gana, il envoya immédiatement son neveu, Si-Ech-Cheikh-ben-M'hammed, avec cinq cents cavaliers, au secours du cheikh de Touggourt.

Pendant ce temps, le schérif était arrivé à Temacin pour

prêter main-forte à Seliman, et c'est là que les troupes de Ben-Gana le rencontrèrent.

Les deux troupes en vinrent aux mains et l'on se battit avec acharnement ; nous perdîmes beaucoup de monde, mais le schérif fut contraint de prendre la fuite vers l'intérieur du Sahara, et Seliman-ben-Djellab ne tarda pas à s'enfuir dans la même direction.

Ech-Cheikh-ben-M'hammed reprit alors le chemin de Biskra avec ses cavaliers, et Bou-Lifa resta à Touggourt pour continuer à administrer cette partie du territoire saharien ; mais Bou-Lifa ne survécut pas longtemps à cette campagne ; il mourut, peu de temps après, des suites de ses blessures.

Aussitôt que Seliman apprit la mort de son frère, il partit en toute hâte de l'endroit où il se trouvait et rentra dans Touggourt.

M. le général Desvaux, qui commandait alors à Batna, s'empressa de se rendre à Biskra, à la tête d'un corps de troupes. Là, le frère de Si-Bou-Aziz-ben-Gana et ses autres parents se joignirent à la colonne avec leurs cavaliers arabes, et cette colonne se dirigea ensuite vers Touggourt.

En apprenant l'arrivée d'une armée, Seliman fit tuer les fils de Bou-Lifa et resta seul maître à Touggourt.

Cependant, la colonne n'était pas allée bien loin, et, à une certaine distance, le général Desvaux avait été obligé de revenir sur ses pas et de reprendre la route de Biskra.

Pendant que ces événements se passaient dans la région saharienne, une colonne partie d'Alger surveillait le schérif Mohammed-ben-Abdallah, dont nous avons parlé plus haut, et le poursuivait de telle sorte qu'il fut contraint de gagner le Sahara.

M. le général Desvaux ordonna alors au caïd des Arabes-Gheraba, Si-Ahmed-ben-El-Hadj-ben-Gana, et à Si-Ali-ben-El-Guidoum-ben-Gana d'aller lui couper la retraite de ce côté avec leurs cavaliers et leurs fantassins.

Ces deux membres de la famille Ben-Gana exécutèrent les

ordres qui leur étaient donnés et ils se mirent à la poursuite dudit schérif.

Ils le rencontrèrent, alors que la colonne expéditionnaire rentrait à Alger, au lieu dit Dinarma, entre Touggourt et Ouargla. Il était à la tête d'une troupe d'Oulad-Naïl et il accepta le combat.

La mêlée s'engagea et l'on fit des prodiges des deux côtés. Le résultat de ce combat fut que la troupe du schérif fut taillée en pièces et que nous en fîmes un effrayant carnage. Il est vrai que, de notre côté, nous perdîmes quarante-trois cavaliers et seize chevaux, qui furent tués pendant la mêlée, et que nous eûmes vingt-trois hommes blessés. Tous ces indigènes tués ou blessés appartenaient aux deux tribus des Arabes-Cheraga et des Arabes-Gheraba.

A la suite de ce brillant fait d'armes, Si-Ahmed-ben-El-Hadj-ben-Gana fut décoré de la croix d'officier de la Légion d'honneur, et Si-Ali-ben-El-Guidoum-ben-Gana obtint la croix de chevalier ; cette distinction ajouta encore à la joie qu'ils avaient d'avoir remporté cette victoire.

Nous avons dit précédemment que Seliman-ben-Djellab s'était emparé de Touggourt et y avait fait tuer les fils de Bou-Lifa.

Craignant de subir le même sort, les notables de Touggourt qui avaient combattu sous les ordres dudit Bou-Lifa s'enfuirent précipitamment de cette ville et vinrent se réfugier à Biskra, où la famille Ben-Gana s'empressa de leur donner l'hospitalité et de pourvoir à tous leurs besoins.

En attendant l'arrivée de la nouvelle expédition qui se préparait, ces réfugiés restèrent à Biskra, où ils furent logés, nourris et habillés.

Enfin la colonne commandée par le général Desvaux arriva à Biskra dans le courant de l'automne.

Pendant ce temps, les mauvaises actions de Seliman-ben-Djellab s'étaient continuées : il avait fait ravager par ses partisans les jardins de palmiers dont les nomades Gheraba étaient propriétaires à Touggourt, et ces malheureux vinrent se plaindre au général Desvaux, à Biskra.

Le général organisa alors son armée, qu'il divisa en deux corps de troupes : l'un, dirigé par le commandant Marmier, devait prendre les devants. Dans ce détachement se trouvait Si-Ahmed-ben-El-Hadj-ben-Gana, caïd des Gheraba, qui avait le commandement des cavaliers arabes. Le gros de l'armée, qui venait ensuite et qui était composé en grande partie de soldats français, était commandé par le général Desvaux en personne. Parmi ce dernier corps de troupes se trouvaient Si-Bou-Lakhras, Si-El-Hadj-ben-Mohammed et Si-Ahmed-ben-El-Messaï, fils de Si-Bou-Aziz-ben-Gana.

A une certaine distance de Biskra, les deux corps de troupes se séparèrent. Le commandant Marmier marcha en avant et alla camper à Megarine, pendant que les troupes du général Desvaux campaient d'abord à El-Meghier et ensuite à Sidi-Khelil.

En apprenant ce qui se passait, Seliman-ben-Djellab avait immédiatement dépêché un messager au schérif Mohammed-ben-Abdallah, en le priant de venir à son secours.

Mohammed-ben-Abdallah s'empressa de lui amener ses partisans, et tous deux, avec leurs forces réunies, vinrent attaquer le commandant Marmier.

Un combat opiniâtre s'ensuivit, et un grand nombre des partisans de Seliman et du schérif restèrent sur le champ de bataille ; leur armée fut mise dans une déroute complète et ce qui en restait s'enfuit dans l'intérieur du désert.

A la suite de ce combat, le commandant Marmier fit son entrée à Touggourt et le général Desvaux ne tarda pas à l'y rejoindre.

Le général Desvaux chargea alors Si-Ahmed-ben-El-Hadj-ben-Gana de l'administration de la ville de Touggourt et de son territoire, qu'il adjoignit à son caïdat des Arabes-Gheraba, les gens de cette tribu ayant la majeure partie de leurs propriétés à Touggourt.

Cette combinaison était une preuve de la perspicacité du général et du gouvernement français, car elle plaçait en quelque sorte Touggourt sous la dépendance des Arabes-Gheraba, dont la fidélité à la France était depuis longtemps démontrée et qui avaient tout intérêt à maintenir le bon ordre pour garantir ce qu'ils possédaient soit à Touggourt, soit dans les villages environnants.

Malheureusement, Si-Ahmed-ben-El-Hadj-ben-Gana ne ne put rester à Touggourt, où il était constamment malade, et il fut obligé de donner sa démission.

Le général Desvaux crut alors devoir offrir ce poste à Si-Ali-Bey-ben-Ferhats, qui était interné à Sétif, et il plaça sous son commandement Touggourt, l'Oued-Righ et le Souf.

On peut dire que c'est à partir de cette nomination que prirent naissance les « çofs » ou querelles de partis qui devaient plus tard être une cause de troubles dans la région saharienne.

Cependant la prise de Touggourt fut suivie d'un long laps de temps pendant lequel régnèrent la paix et la sécurité.

Tout était donc tranquille lorsqu'un indigène des Ahmar-Khaddou, qui avait nom Si-Es-Sadok-ben-El-Hadj, s'avisa de mettre le désordre au sein de cette tribu.

Il avait préalablement envoyé un certain nombre de ses affiliés au lieu dit Houzet-el-Hana, près de Sidi-Okba, pour exciter les gens de cette localité à se soulever.

Les Ahmar-Khaddou, qui avaient alors comme caïd Si-Ahmed-Bey-ben-Chennouf, obéirent aux excitations de Si-Es-Sadok et se mirent en insurrection avec lui.

Si-Mohammed-Es-Seghir-ben-Gana alla d'abord combattre les partisans de Si-Es-Sadok, qui campaient dans les environs de Sidi-Okba, et il les obligea à décamper et à quitter le pays. Ensuite, il se dirigea avec ses troupes du côté du territoire occupé par les Ahmar-Khaddou.

Le général sortit alors de Batna avec les troupes dont il pouvait disposer pour aller rejoindre Si-Bou-Aziz-ben-Gana et il vint camper à Chetma.

Tous les membres de la famille des Ben-Gana étaient là

avec tous les cavaliers et fantassins des diverses tribus soumises à leur commandement.

Le général ordonna alors à Si-Bou-Aziz-ben-Gana et à ses
parents d'aller attaquer Si-Es-Sadok à Mechounech.

Les Ben-Gana marchèrent en avant et, ayant rencontré Si-
Es-Sadok, ils lui livrèrent combat.

Il y eut un grand nombre de morts et de blessés de part et
d'autre ; les troupes de Si-Es-Sadok furent taillées en pièces
et lui-même s'enfuit dans les montagnes.

Ces montagnes furent immédiatement envahies par l'armée, et les Ben-Gana y furent envoyés en éclaireurs : Bou-
Lakhras et ses hommes furent placés à l'avant-garde, Si-
Ahmed-ben-El-Hadj et ses soldats se tenaient à la droite, à
une certaine distance de l'armée ; Si-Ali-ben-El-Guidoum
couvrait la gauche dans les mêmes conditions et Si-El-Hadj-
ben-Mohammed-ben-Gana commandait l'arrière-garde.

Cette combinaison faisait supporter aux Ben-Gana et à
leurs soldats tous les efforts de l'ennemi, et leurs troupes
subirent en effet de grandes pertes.

Après avoir résisté pendant un certain temps, Si-Es-Sadok,
toujours harcelé par les Ben-Gana, réussit cependant à
s'enfuir.

Poursuivi par le commandant Laure et le caïd de Biskra,
Si-Mohammed-Es-Seghir, il fut fait prisonnier peu de temps
après par le caïd d'El-Khanga, Si-ben-Naceur-ben-Mohammed-
es-Taïeb, gendre du caïd Si-Mohammed-Es-Seghir.

Si-Es-Sadok fut amené au général, et tous les montagnards
qui avaient suivi sa fortune firent leur soumission.

Cette expédition terminée, les troupes françaises rentrèrent à Batna, et l'ordre, la paix et la sécurité régnèrent de
nouveau dans toute la région saharienne.

A quelque temps de là se produisit l'insurrection des Ou-
lad-Si-Hamza-ben-Ech-Cheikh dans l'ouest, en même temps
que Brahim-ben-Abdallah, des Oulad-Madhi, levait l'étendard
de la révolte.

Le colonel Seroka partit de suite pour le Hodna, accompagné de Si-Bou-Lakhras et de Si-Ali-ben-El-Guidoum, pour aller réprimer la révolte de Brahim-ben-Abdallah.

C'était Si-Ahmed-ben-El-Hadj, caïd des Arabes-Gheraba, qui était désigné pour faire partie de cette expédition ; mais, comme il mourut peu de jours avant le départ de la colonne, Si-Bou-Lakhras fut nommé à sa place.

Par l'ordre du colonel Seroka, Si-Ali-ben-El-Guidoum devait aller se porter avec son goum à El-Baadj, pour observer les mouvements des insurgés et y attendre la colonne.

Si-Bou-Lakhras et son goum accompagnèrent donc le colonel Seroka, qui avait avec lui M. Forgemolle, aujourd'hui général de division, et ils allèrent ainsi jusqu'à Hadjira, pour empêcher les Oulad-Si-Hamza-ben-Ech-Cheik d'entrer sur le territoire dépendant des villes d'Ouargla et Negouça.

Cette expédition lointaine dura pendant environ six mois, et les services signalés que rendit Si-Bou-Lakhras pendant ce long laps de temps attirèrent sur lui l'attention du gouvernement, qui le fit officier de l'ordre de la Légion d'honneur en récompense de ses bons services.

Tout était rentré dans le calme ; la colonne était revenue à Batna, et la paix la plus profonde régna jusqu'en 1870.

A cette époque, une sourde fermentation se produisit de tous côtés, et les représentants du gouvernement nous recommandèrent la plus grande vigilance pour maintenir l'ordre et la sécurité.

Comme toujours, nous avons fait tous nos efforts pour mener à bien cette nouvelle mission, et nous y avons réussi, mais à quel prix ! Nous fournissions des sommes considérables pour arriver à entretenir une garde de deux cents cavaliers dans le caïdat de Biskra et autant dans chacun des caïdats de la famille Ben-Gana ; car le salaire mensuel de chacun de ces cavaliers était de 100 fr. sur lesquels l'Etat ne payait que 30 fr., de sorte que nous étions obligés de payer la différence de nos propres deniers. Et cependant nous ne faisions tout cela que pour nous conformer aux ordres du commandant supérieur de Biskra et pour empêcher tout désordre dans la région saharienne.

Nous n'agissions pourtant que dans l'intérêt du gouvernement français, et, dans le même moment, les représentants de l'autorité prescrivaient à Si-Ali-Bey-ben-Ferhats, qui commandait alors à Touggourt, une garde de deux cent trente-cinq cavaliers et l'Etat payait à chacun de ces cavaliers 100 fr. par mois d'appointements; de plus, on lui donnait cinquante tirailleurs algériens, et tous les frais étaient prélevés sur la caisse de l'Etat.

C'est qu'il y a entre nous, les Ben-Gana, et d'autres, une grande différence. On connaissait notre fidélité à la France et on a eu raison de s'y fier. En effet, nous avons maintenu l'ordre dans tout le territoire confié à notre garde jusqu'à l'arrivée des troupes françaises. Et, pendant ce temps, qu'a fait Si-Bey-ben-Ferhats? Il a pris avec lui et a affecté à sa garde personnelle les deux cent trente-cinq cavaliers que l'Etat soldait pour la garde de Touggourt et pour aider au besoin les tirailleurs, et il a laissé la ville de Touggourt à peu près sans garnison.

En agissant ainsi, Si-Ali-Bey-ben-Ferhats a été cause de la prise si facile de Touggourt par Bou-Choucha et du massacre qu'a fait celui-ci des tirailleurs algériens.

Quelque temps avant ces malheureux événements, le colonel Adler était venu à Biskra, et il avait reçu la visite de la famille des Ben-Gana, de Si-Ali-Bey-ben-Ferhats et des fils de Ben-Chennouf; il avait recommandé à tous de surveiller avec la plus grande attention les agissements de leurs administrés et de faire tous leurs efforts pour maintenir l'ordre dans les tribus.

Nous répondîmes alors au colonel Adler que nous garantissions que la tranquillité ne serait pas troublée dans les tribus commandées par les Ben-Gana, mais à la condition que Si-Ali-Bey rejoindrait son poste et veillerait, de son côté, à ce qu'il n'arrivât rien à Touggourt, dont il avait la garde, attendu que déjà le schérif Bou-Choucha avait réussi à s'emparer d'Ouargla, et qu'il était urgent d'aller à sa rencontre et de le chasser du territoire de Touggourt.

Sur ces entrefaites, le colonel Adler apprit que les tribus du cercle de Batna venaient de se soulever et que plusieurs colons français des environs de cette ville avaient été tués.

Il ordonna immédiatement à Si-Ali-Bey de rejoindre son poste à Touggourt, et, constatant la tranquillité qui régnait dans les tribus soumises à notre commandement, il nous dit que, comme d'habitude, il nous fallait emmener nos Saha-riens en estivage dans le Tell, ce que nous fîmes conformé-ment à ses ordres.

Après avoir pris ces différentes dispositions, le colonel Adler se rendit en toute hâte à Batna, pour y combattre l'in-surrection.

Cependant, Si-Ali-Bey-ben-Ferhats n'avait tenu aucun compte des ordres qu'il avait reçus, et, au lieu de se rendre à Touggourt pour veiller à la sécurité de cette ville, il par-courait les tribus du Sahara dépendant du commandement de la famille Ben-Gana et y fomentait le désordre par des excitations contre le caïd de Biskra.

Le résultat de ces intrigues fut qu'une partie seulement des Sahariens écouta nos conseils et nous suivit en estivage, tandis que les fauteurs de désordres dont Si-Ali-Bey s'était fait des partisans restaient dans le Sahara pour y continuer son œuvre contre les Ben-Gana.

Le commandant supérieur qui administrait alors le cercle de Biskra, M. de Magth, fut témoin de tous ces faits, et il se contenta d'engager Si-Mohammed-Es-Seghir à la patience et à gagner du temps, jusqu'à ce que les affaires de la France s'ar-rangeassent et qu'elle fût en état de nous envoyer des troupes, affirmant qu'alors ceux qui auraient bien agi seraient récom-pensés et ceux qui se seraient mal comportés seraient sévère-ment punis.

Or, lorsque ceux des membres de la famille Ben-Gana, qui devaient emmener les Sahariens en estivage étaient partis avec ceux qui avaient bien voulu les suivre, ils avaient reçu l'ordre de s'arrêter quelque temps sur le territoire de la tribu des Oulad-Soltan, qui était insurgée avec les tribus environnantes, et de combattre l'insurrection partout où ils la rencontreraient.

Ces ordres furent exécutés ponctuellement et il y eut plusieurs combats très-meurtriers entre les Arabes des Ben-Gana et les insurgés.

Nous perdîmes beaucoup de monde, et ce ne fut que longtemps après l'époque habituelle que nous entrâmes dans la région du Tell.

Le temps de l'estivage ne fut troublé par aucun désordre de la part des Sahariens campés auprès des tribus du Tell ; car, ainsi que nous l'avons dit, les gens qui nous avaient suivis étaient des amis de l'ordre et étaient parfaitement dévoués au gouvernement français.

Pendant que se passaient ces événements, Si-Ali-Bey-ben-Ferhats n'avait pas quitté les environs de Biskra, et il était tantôt dans cette ville, tantôt à Sidi-Okba et tantôt dans les Zibans, quoique sachant parfaitement que les Chaamba et Bou-Choucha étaient entrés à Ouargla. Si bien qu'il était encore en dehors de son commandement lorsqu'arriva la nouvelle que Bou-Choucha s'était emparé de Touggourt, avait tué la majeure partie de ses défenseurs, avait fait le reste prisonniers et avait livré la ville au pillage.

En apprenant cette terrible nouvelle, les nomades Gheraba, dont presque tous avaient des propriétés et des silos, soit à Touggourt, soit sur le territoire de cette ville, furent indignés que de pareils faits aient pu se produire. Ils demandèrent, en conséquence, au commandant supérieur, par l'intermédiaire de leur caïd Si-Bou-Lakhras, à marcher sur Touggourt et à reprendre cette ville à ceux qui s'en étaient emparés. Le colonel refusa de donner son autorisation à cette expédition, ajoutant que c'était à Si-Ali-Bey-ben-Ferhats qu'il incombait de rentrer le plus vite possible dans son commandement et d'aller reprendre la ville de Touggourt.

Si-Ali-Bey, ayant alors reçu des ordres très-précis à ce sujet, se décida à réunir ses troupes et ses serviteurs, et il partit dans la direction de Touggourt.

Arrivés à El-Meghier, qui est la première ville que l'on rencontre en débouchant dans la vallée de l'Oued-Righ, Si-Ali-Bey et ses hommes furent reçus à bras ouverts par les habitants de cette localité, qui leur donnèrent l'hospitalité et les hébergèrent eux et leurs chevaux.

Pour les récompenser, Si-Ali-Bey, au moment de partir, ameuta contre eux les gens qui avaient suivi sa troupe, lesquels en tuèrent traîtreusement environ soixante-dix, s'emparèrent de ce qui se trouvait dans les silos que les Arabes-Gheraba possédaient là et pillèrent la ville.

Il est évident que cette mauvaise action d'Ali-Bey avait pour cause son animosité contre les Ben-Gana et qu'il n'avait autorisé le pillage des biens des Arabes-Gheraba que pour mettre le désordre dans cette tribu, dont un membre de cette famille était le caïd.

Les malheureux habitants d'El-Meghier, qui avaient ainsi été traités en ennemis, s'enfuirent vers Touggourt, et, y étant arrivés, ils s'y fortifièrent.

Ali-Bey les attaqua alors à plusieurs reprises, mais il ne put obtenir aucun résultat.

Les choses en étaient là lorsque le schérif Bou-Choucha se décida à aller lui-même, à la tête d'un petit corps de troupes, attaquer Si-Ali-Bey.

Si-Ali-Bey ne l'attendit pas, et lui et les troupes qui l'accompagnaient battirent précipitamment en retraite vers Biskra.

On était arrivé à l'époque où finissait l'estivage des Sahariens, et ils quittèrent le Tell ayant à leur tête les membres de la famille Ben-Gana qui les y avaient accompagnés.

En route, ils rencontrèrent la colonne du général Saussier, avec qui ils marchèrent pendant un certain temps, et ce général put se convaincre de la fidélité des Arabes placés sous l'autorité des Ben-Gana.

Lorsque les Sahariens arrivèrent à Bitam, ils y trouvèrent

Si-Mohammed-Es-Seghir, caïd de Biskra, et le chef du bureau arabe, qui étaient venus au-devant d'eux par l'ordre du commandant supérieur, et qui, conformément aux instructions qu'ils avaient reçues de celui-ci, leur firent quitter la grande route pour s'en retourner chez eux, afin d'éviter tout conflit entre eux et les gens du Zab et les fuyards qui revenaient de Touggourt avec Si-Ali-Bey.

Les Arabes de Ben-Gana obéirent de point en point à ces instructions et prouvèrent une fois de plus leur soumission aux ordres de l'autorité française.

Enfin, le commandant supérieur de Biskra finit par autoriser Si-Bou-Lakhras et ses Arabes à marcher sur Touggourt, qui était toujours au pouvoir du schérif.

Si-Bou-Lakhras et son goum prirent donc la direction de Touggourt; mais, arrivés sur le territoire des Oulad-Djellal, ils apprirent que le schérif venait de s'enfuir de Touggourt. Ils n'en continuèrent pas moins leur chemin et entrèrent dans cette ville sans coup férir.

Si-Bou-Lakhras régla alors les impôts et contributions que Touggourt et l'Oued-Rirh avaient à payer à l'État; il régla de la même manière ceux dus par le Souf, et il attendit l'arrivée de la colonne du général Lacroix, qui, peu de temps après, à la tête de ses troupes, faisait son entrée dans la ville de Touggourt.

Un certain nombre d'habitants de Touggourt, qui avaient fait cause commune avec Bou-Choucha, furent arrêtés par Si-Bou-Lakhras d'après les ordres du général et remis à celui-ci, et, avant son départ, ledit général installa un bureau arabe à Touggourt.

A la suite de cette expédition la paix fut rétablie dans toute la région saharienne.

Ali-Bey avait été simplement changé, et il avait été nommé caïd de Batna.

A peine avait-il pris possession de son nouveau poste qu'il s'occupait déjà de nouvelles intrigues : il dressait une liste de notables de la tribu des Arabes-Cheraga, tribu dépendant du caïdat de Si-El-Hadj-ben-Gana, prétendant que ces gens-là l'avaient prié d'intervenir auprès des représentants de l'autorité pour que leur tribu fût placée dans son commandement, et il se permit de parler de cela en leur nom.

Les autorités de Batna ne furent pas dupes de cette imposture, et l'affaire de la poudre trouvée chez El-Mihoub-ben-Chenouf venant se joindre à cette nouvelle tentative de désordre, Si-Ali-Bey fut relevé de ses fonctions et envoyé en internement à Alger.

Et, depuis, qu'est-il arrivé pour l'affaire d'El-Amri? Il est parfaitement démontré et il est de notoriété publique que Si-Ali-Bey a dépensé des sommes fabuleuses pour faire révolter les Bouazid. Il est vrai que, suivant son habitude, il se gardait bien d'agir directement et transmettait les sommes qu'il voulait faire remettre par l'intermédiaire de ses amis; mais il est également vrai que bon nombre de ses serviteurs ont été reconnus parmi les morts et les blessés laissés par les insurgés, et que d'autres subissent encore leur peine dans les prisons de l'Etat.

Et que faisaient les Ben-Gana pendant cette insurrection? Fidèles à leurs engagements, ils étaient constamment à l'avant-garde des troupes françaises; à tel point que le caïd de Biskra, Si-Mohammed-Es-Seghir-ben-Gana, fut blessé en combattant les insurgés, que quatre de ses serviteurs furent tués et huit blessés, et que ses cavaliers eurent cinq chevaux tués et une vingtaine de blessés.

D'ailleurs, la famille des Ben-Gana n'avait jamais cessé de combattre les ennemis de la France, et elle devait faire, dans cette circonstance, comme elle avait toujours fait.

Depuis l'affaire d'El-Amri nous jouissions de la tranquillité la plus complète, lorsqu'eut lieu la révolte des Aurès et l'assassinat des deux caïds.

Non-seulement nous étions complétement étrangers à cette affaire, mais nous ne pouvions même pas savoir ce qui se passait dans ces montagnes, ni ce qui pouvait motiver ce soulèvement.

Ce qu'il y a de certain, c'est que, comme d'habitude, nous avons prêté notre concours à l'autorité française : Si-Moham-med-ben-El-Hadj-ben-Gana et son goum faisaient partie du contingent que Biskra fournit à la colonne, et, d'un autre côté, Si-Bou-Lakhras, Si-M'hammed-ben-Gana, caïd des Sahari, et Si-Larbi-ben-Mohammed, kalifa des Arabes-Cheraga, faisaient partie des troupes que conduisait M. le général-commandant la subdivision de Batna.

Dans cette expédition, les Ben-Gana furent envoyés à Zeriba avec leurs goums pour empêcher les insurgés de fuir de ce côté, pendant que d'autres corps de troupes les cernaient dans la montagne.

Un certain nombre d'insurgés avaient déjà passé à Zeriba avant l'arrivée des Ben-Gana dans cette localité, mais ils étaient morts de soif dans le trajet entre Zeriba et Négrin.

Après être restés quelques jours à Zeriba, les Ben-Gana furent rappelés à la colonne. L'insurrection ne tarda pas à être vaincue et les insurgés firent leur soumission.

Et c'est dans ces conditions que des gens qui s'occupent de nous et cherchent à nous nuire ont attaqué notre honneur en nous accusant d'avoir fomenté la révolte des Aurès, calomnie que la moindre réflexion repousserait au premier abord si l'on se rendait compte de la distance qui sépare de nous ces montagnards.

Mais, en faisant abstraction des impossibilités matérielles, n'y a-t-il pas les quarante années de bons et loyaux services rendus par notre famille qui témoignent en notre faveur?

Comment pourra-t-on admettre qu'une famille qui, depuis plus de quarante ans, s'est constamment dévouée au service de la France et a toujours combattu pour elle, ait pu commettre une pareille faute?

Plût à Dieu que nous eussions su ce qui se passait aux Oulad-Daoud !

C'est en vain que nous cherchons à deviner le mobile que l'on peut prétendre nous avoir poussés dans cette voie. Voulions-nous aller habiter aux Oulad-Daoud, ou avions-nous l'intention de nous emparer des monts Aurès? Tout cela est absurde et l'on ne peut y croire.

Nous ne pouvons que nous en remettre à Dieu, qui seul est fort et puissant, car il nous est impossible de comprendre le crédit dont jouissent de pareilles accusations.

Que s'est-il passé lors de l'arrivée de la commission d'enquête ? Nos ennemis ont répandu des sommes considérables dans les tribus et ils ont réuni de cette manière une certaine quantité de témoins qui sont venus médire de nous à la commission.

Le mobile qui fait agir ceux que nous nommons nos ennemis est la jalousie, et, s'ils attaquent notre honneur, ce n'est que pour nous faire passer pour aussi méprisables qu'eux.

Heureusement, nos états de services sont là pour leur répondre et ôter toute chance de réussite à leurs diffamations ; car, sans l'esprit de justice et d'équité qui a guidé les membres de la commission d'enquête, nous étions exposés à être punis sans l'avoir le moins du monde mérité.

Grâce à Dieu, notre fidélité, qui ne peut être contestée, nous sauvera, et nous serons préservés des dangers qui nous menaçaient.

Nous avons tâché d'exposer ici ce que nous avions fait au service de la France, et, si l'on juge que nous avons bien agi, nous ne pensons pas que l'on puisse en même temps admettre comme véridiques les insinuations que nos ennemis ont lancées contre nous.

Dans tous les cas, nous remercions Dieu de n'avoir rien à nous reprocher, et d'avoir réussi à accomplir honorablement les promesses que nous avions faites au gouvernement français en lui faisant notre soumission, il y a quarante ans !

Quant à ceux qui cherchent à faire le mal, nous espérons que leurs agissements n'auront aucune portée ; car on saura faire la différence entre celui qui dit la vérité et le menteur; et celui qui a toujours rempli ses engagements et celui qui n'en a tenu aucun.

Pour nous, quoi qu'il arrive, nous continuerons à faire notre devoir, et, comme nos ancêtres l'ont toujours fait du temps de la domination turque, nous ne changerons jamais rien à la parole donnée. Grâce à Dieu, notre famille tient ses promesses ! L'histoire est là pour le prouver.

Que Dieu protége ceux qui ont le bon droit pour eux, et c'est là notre cas, et qu'il donne la paix à tous ! Qui peut mieux que lui, le Très-Haut, le Magnifique, donner la protection et la force dont on a besoin !

Salut au lecteur de cette narration et à celui qui en entendra la lecture, de la part de tous les membres de la famille des Ben-Gana.

Constantine, le 7 septembre 1879.

Paris. — Imp. Balitout, Questroy et Cⁱᵉ, 7, rue Baillif.